AF187450

Impressum
Verlag: BABADADA GmbH, Nedderfeld 112 , 22529 Hamburg
Geschäftsführer / Verlagsleitung: Harald Hof
Druck: Books on Demand GmbH, In de Tarpen 42, 22848 Norderstedt

Imprint
Publisher: BABADADA GmbH, Nedderfeld 112 , 22529 Hamburg, Germany
Managing Director / Publishing direction: Harald Hof
Print: Books on Demand GmbH, In de Tarpen 42, 22848 Norderstedt, Germany

escola
shkolla

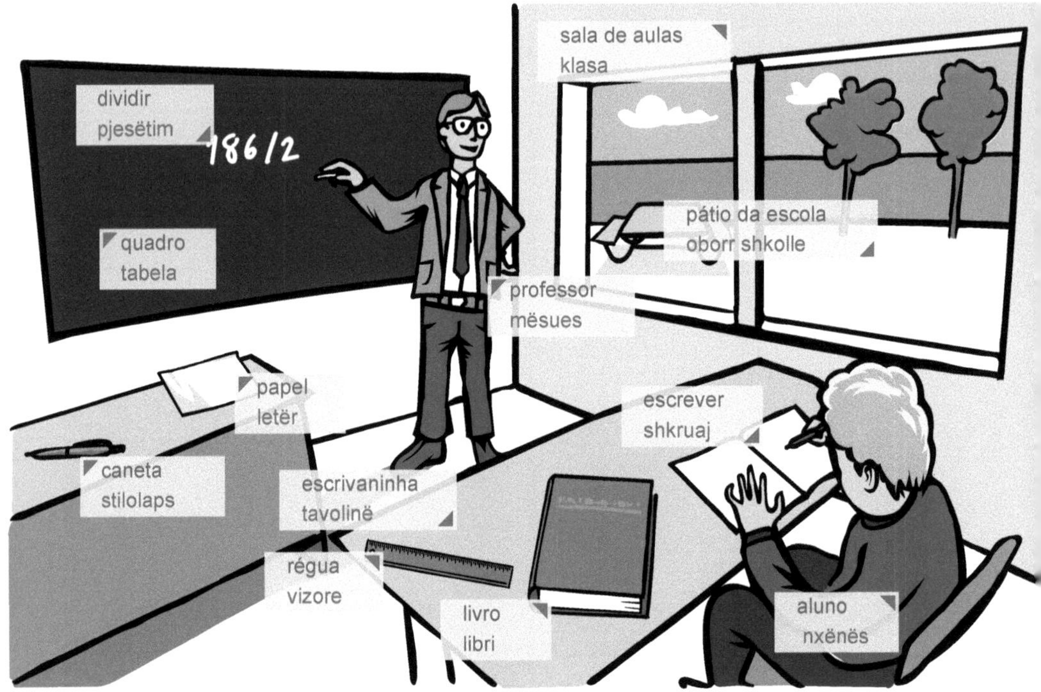

sala de aulas
klasa
dividir
pjesëtim
186/2
quadro
tabela
pátio da escola
oborr shkolle
professor
mësues
papel
letër
escrever
shkruaj
caneta
stilolaps
escrivaninha
tavolinë
régua
vizore
livro
libri
aluno
nxënës

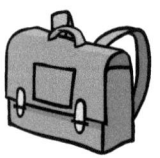

sacola

çantë

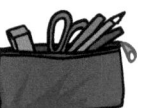

estojo de lápis

mbajtëse lapsash

lápis

laps

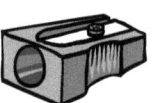

apontador de lápis

mprehës lapsash

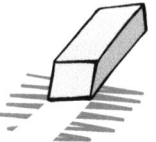

borracha

gomë

bloco de desenho

fletore vizatimi

desenho

vizatim

pincel

penel

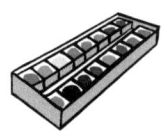

estojo de tintas

kuti bojërash

tesoura

gërshërë

cola

ngjitës

livro de exercícios

fletore detyrash

lição de casa

detyrë shtëpie

12

número

numër

2+2

somar

mbledh

5-2

subtrair

zbres

2×2

multiplicar

shumëzoj

calcular

llogaris

A

letra

gërmë

ABCDEFG HIJKLMN OPQRSTU VWXYZ

alfabeto

alfabeti

hello

palavra

fjalë

texto

tekst

ler

lexoj

giz

shkumës

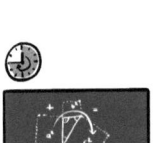

hora

mësim

registro da classe

regjistër

exame

provim

certificado

çertifikatë

uniforme escolar

uniformë shkolle

educação

arsimim

enciclopédia

enciklopedia

universidade

universitet

microscópio

mikroskop

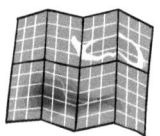

mapa

hartë

cesto de lixo

kosh letrash

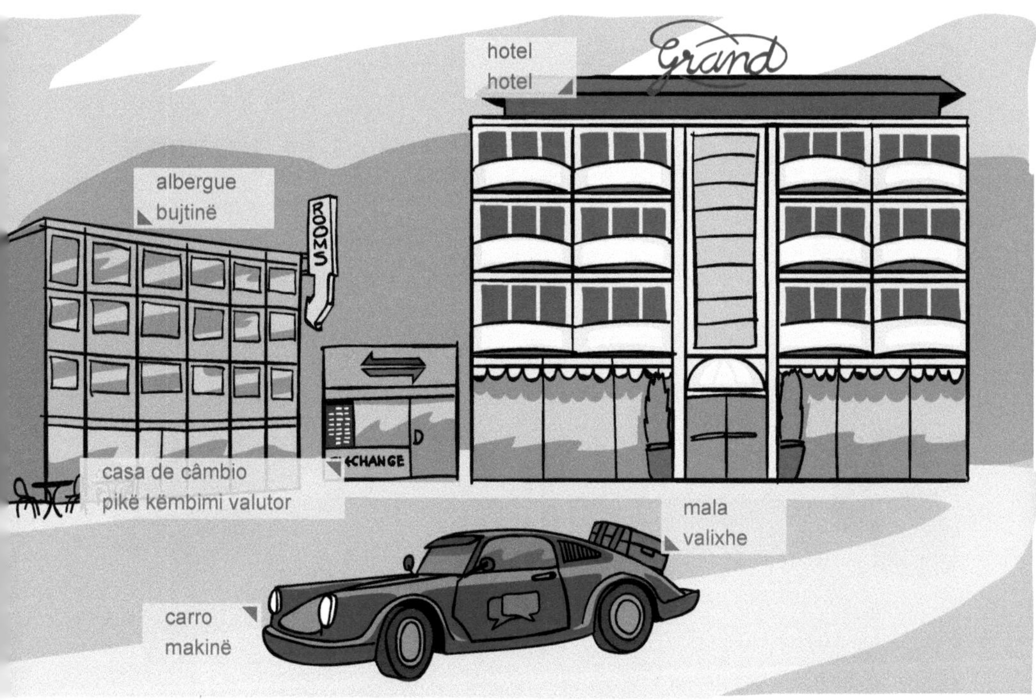

hotel
hotel
Grand
albergue
bujtinë
ROOMS
EXCHANGE
casa de câmbio
pikë këmbimi valutor
mala
valixhe
carro
makinë

idioma

gjuhë

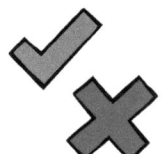

sim / não

po / jo

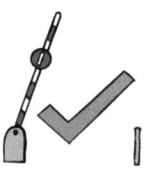

ok

Në rregull

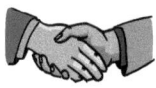

Olá

ç'kemi

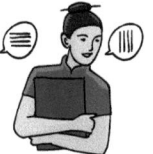

tradutor

përkthyes

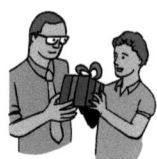

obrigado

Faleminderit

quanto custa...?

sa kushton...?

eu não entendo

nuk e kuptoj

problema

problem

boa noite!

Mirëmbrëma!

Bom dia!

Mirëmëngjes!

Boa noite!

Natën e mirë!

até logo

mirupafshim

direção

drejtim

bagagem

bagazhet

bolsa

çantë

mochila

çantë shpine

convidado

mysafir

quarto

dhomë

saco de dormir

thes gjumi

barraca

tendë

informação turística

informacion për turistët

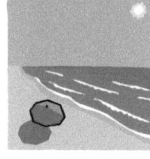

praia

plazh

cartão de crédito

kartë krediti

café da manhã

mëngjes

almoço

drekë

jantar

darkë

bilhete

Biletë

elevador

ashensor

selo

pulla

fronteira

kufi

alfândega

doganë

embaixada

ambasadë

visto

vizë

passaporte

pasaportë

transporte
transport

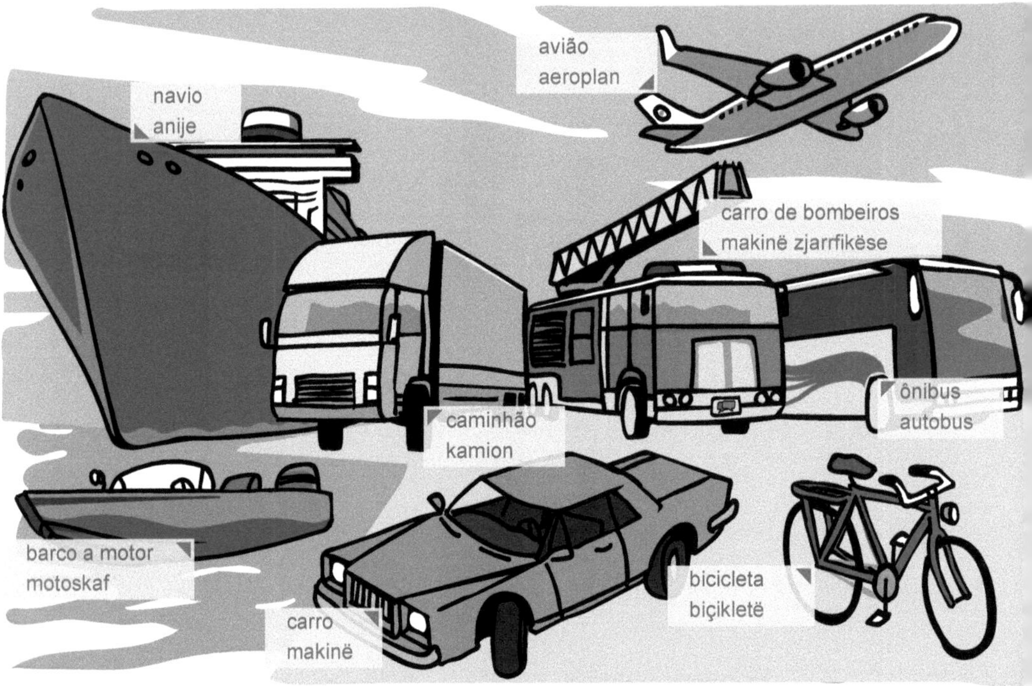
navio
anije
avião
aeroplan
carro de bombeiros
makinë zjarrfikëse
ônibus
autobus
caminhão
kamion
barco a motor
motoskaf
bicicleta
biçikletë
carro
makinë

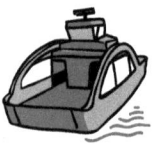

balsa
traget

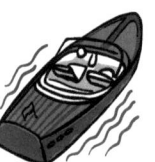

barco
varkë

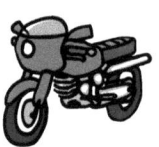

motocicleta
motoçikletë

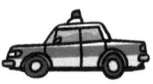

veículo policial
makinë policie

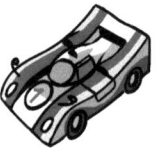

carro de corrida
makinë garash

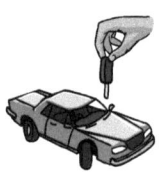

carro de aluguel
makinë me qira

compartilhamento de automóvel

ndarje e qirasë së makinës

caminhão de reboque

karroatrec

caminhão de lixo

makinë plehrash

motor

motor

combustível

benzinë

posto de gasolina

pikë karburanti

placa de trânsito

sinjalistikë trafiku

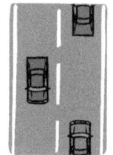

trânsito

trafik

trânsito lento

bllokim trafiku

estacionamento

parkim makinash

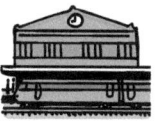

estação de trem

stacion treni

trilhos

trase

trem

tren

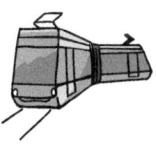

bonde

tramvaj

vagão

karro

helicóptero

helikopter

aeroporto

aeroport

torre

kullë

passageiro

pasagjer

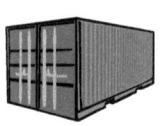

contêiner

kontenier

cartolina

kuti kartoni

carroça

qerre

cesto

shportë

decolar / pousar

ngrihem / ulem

cidade

qytet

vilarejo

fshat

centro da cidade

qendra e qytetit

casa

shtëpi

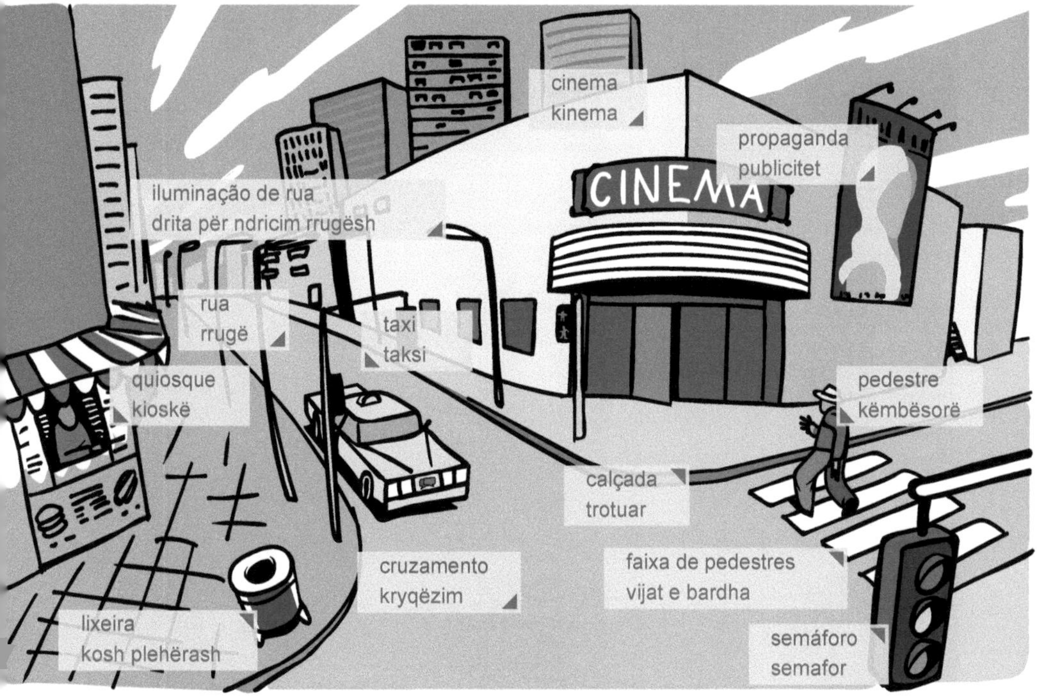

cinema
kinema

propaganda
publicitet

iluminação de rua
drita për ndricim rrugësh

CINEMA

rua
rrugë

taxi
taksi

pedestre
këmbësorë

quiosque
kioskë

calçada
trotuar

cruzamento
kryqëzim

faixa de pedestres
vijat e bardha

lixeira
kosh plehërash

semáforo
semafor

cabana

kasolle

apartamento

apartament

estação de trem

stacion treni

prefeitura

bashki

museu

muze

escola

shkolla

universidade

universitet

banco

bankë

hospital

spital

hotel

hotel

farmácia

farmaci

escritório

zyrë

livraria

librari

loja

dyqan

floricultura

dyqan lulesh

supermercado

supermarket

mercado

market

loja de departamentos

mapo

peixaria

dyqan peshku

centro comercial

qëndër tregtare

porto

port

parque

park

banco

stol

ponte

urë

escadas

shkallë

metrô

metro

túnel

tunel

ponto de ônibus

stacion autobuzi

bar

bar

restaurante

restorant

caixa de correspondência

kuti postare

placa de rua

sinjalistikë rrugore

parquímetro

kohëmatës parkimi

zoológico

kopsht zoologjik

piscina

pishinë

mesquita

xhami

fazenda
fermë

poluição
ndotje

cemitério
varrezë

igreja
kishë

parquinho
shesh lojërash

templo
tempull

paisagem
peisazh

folha
gjethe

placa de sinalização
tabela orientuese

caminho
rrugë

gramado
livadh

pedra
gurë

árvore
pemë

caminhantes
ekskursionist

rio
lumë

grama
bar

flor
lule

vale
....
luginë

montanha
....
kodër

lago
....
liqen

floresta
....
pyll

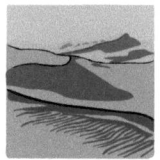

deserto
....
shkretëtirë

vulcão
....
vullkan

castelo
....
kështjellë

arco-íris
....
ylber

cogumelo
....
kepudhë

palmeira
....
palmë

mosquito
....
mushkonjë

mosca
....
mizë

formiga
....
milingonë

abelha
....
bletë

aranha
....
merimangë

besouro

brumbull

sapo

bretkosë

esquilo

ketër

ouriço

iriq

lebre

lepur

coruja

buf

pássaro

zog

cisne

mjellmë

javali

derr i egër

veado

dre

alce

dre brilopatë

barragem

digë

aerogerador

turbinë ere

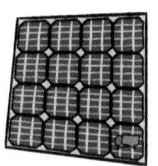

painel solar

panel diellor

clima

klimë

restaurante
restorant

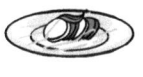

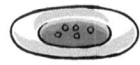

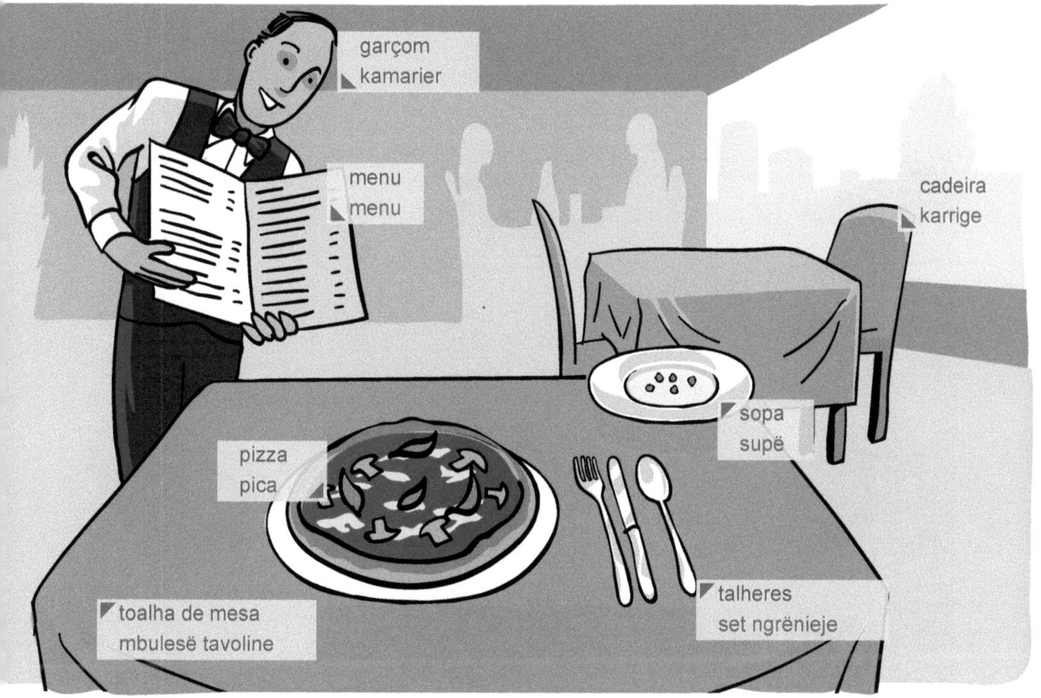
garçom
kamarier
menu
menu
cadeira
karrige
sopa
supë
pizza
pica
talheres
set ngrënieje
toalha de mesa
mbulesë tavoline

entrada

pjatë e parë

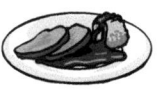

prato principal

pjatë kryesore

sobremesa

ëmbëlsirë

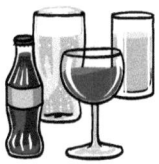

bebidas

pije

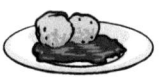

comida

ushqim

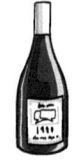

garrafa

shishe

fastfood
ushqim i shpejtë

comida de rua
ushqim i shërbyer në rrugë

bule de chá
ibrik çaji

açucareiro
kuti sheqeri

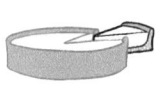

porção
racion

máquina de expresso
makinë kafeje ekspres

cadeirão
karrige e lartë

conta
faturë

bandeja
tabaka

faca
thika

garfo
pirun

colher
lugë

colher de chá
lugë çaji

guardanapo
pecetë

copo
gotë

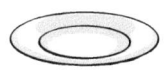

prato
pjatë

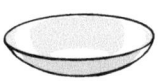

prato de sopa
pjatë supe

pires
pjatë filxhani

molho
salcë

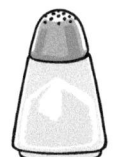

saleiro
mbajtëse kripe

moedor de pimenta
mulli piperi

vinagre
uthull

óleo
vaj

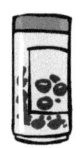

especiarias
erëza

ketchup
keçap

mostarda
mustardë

maionese
majonezë

supermercado
supermarket

oferta especial
ofertë speciale
FOR
cliente
klient
laticínios
produkte bulmeti
frutas
frut
carrinho de compras
karrocë pazari

BUTCHERS

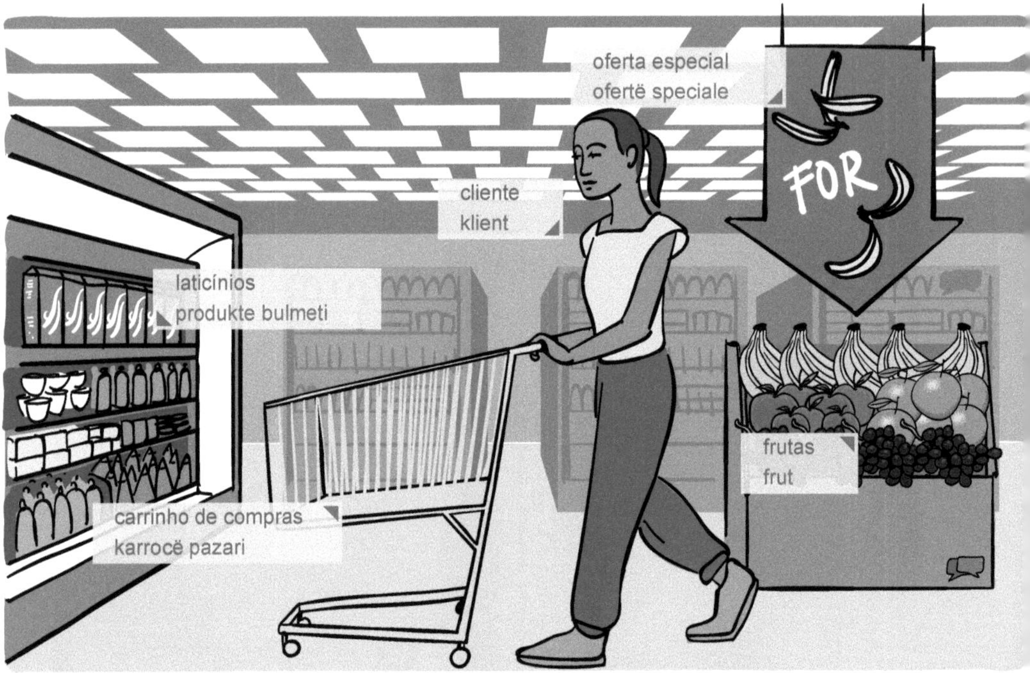

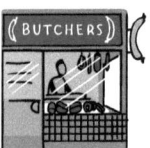

açougue

dyqan mishi

BAKERY

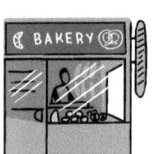

padaria

furrë buke

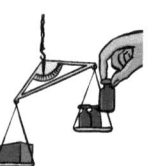

pesar

peshoj

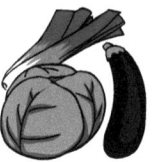

legumes

perime

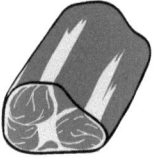

carne

mish

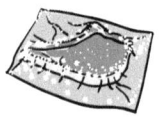

congelados

ushqim i ngrirë

charcutaria

copë

conservas

ushqim i konservuar

detergente em pó

pluhur larës

doces

ëmbëlsirat

artigos domésticos

prodhime shtëpie

produtos de limpeza

produkte pastrimi

vendedora

shitëse

caixa

kasë fiskale

caixa

arkëtar

lista de compras

listë blerjeje

horário de funcionamento

oraret e punës

carteira

portofol

cartão de crédito

kartë krediti

sacola

çantë

saco plástico

qese plastike

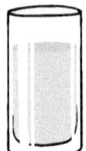

água
ujë

suco
lëng frutash

leite
qumësht

coca-cola
koka-kola

vinho
verë

cerveja
birrë

álcool
alkool

cacau
kakao

chá
çaj

café
kafe

expresso
kafe ekspres

cappuccino
kapuçino

banana

banane

maçã

mollë

laranja

portokalle

melão

pjepër

limão

limon

cenoura

karrotë

alho

hudhër

bambu

bambu

cebola

qepë

cogumelo

kërpudha

nozes

arra

macarrão

makarona

espaguete

spageti

arroz

oriz

salada

sallatë

batatas fritas

patate të skuqura

batatas frias

patate të skuqura

pizza

pica

hambúrger

hamburger

sanduíche

sanduiç

escalope

shnicel

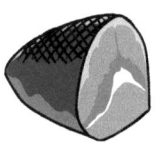

presunto

proshutë

salame

sallam

salsicha

salçiçe

galinha

pulë

assado

skuq

peixe

peshk

flocos de aveia

tërshërë

granola

drithëra

flocos de milho

kornfleiks

farinha

miell

croissant

kruasant

pãozinho

panine

pão

bukë

torrada

tost

biscoitos

biskotë

manteiga

gjalp

requeijão

gjizë

bolo

tortë

ovo

vezë

ovo frito

vezë sy

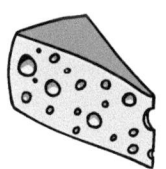

queijo

djathë

sorvete

akullore

açúcar

sheqer

mel

mjaltë

geleia

marmaladë

creme de avelãs

çokokrem

curry

këri

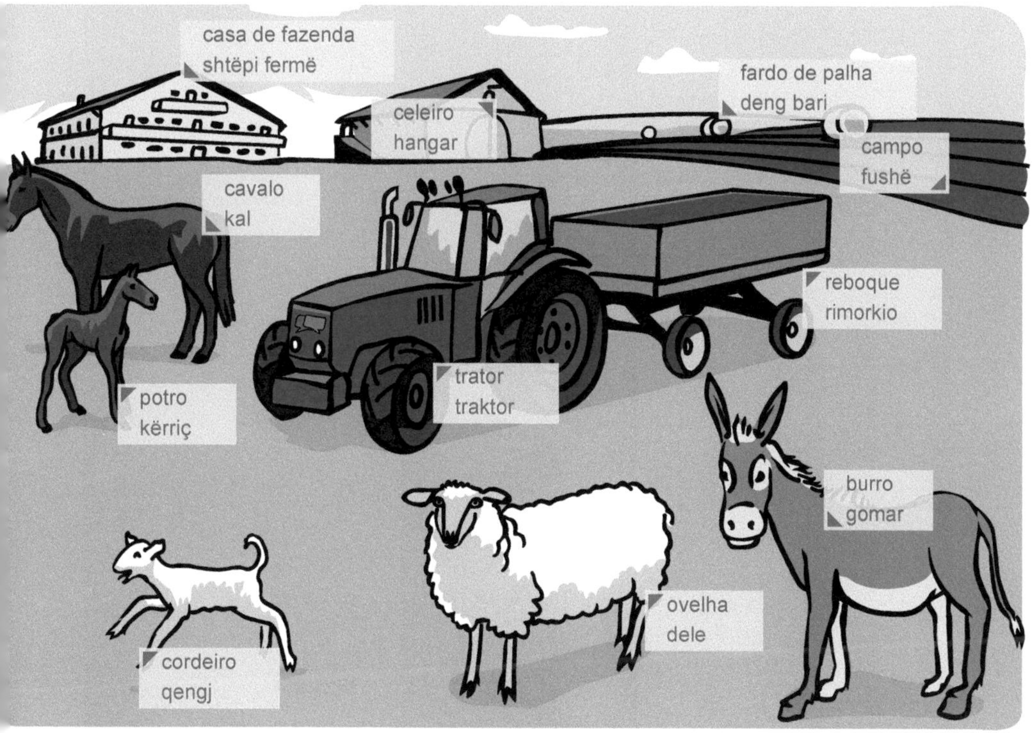

casa de fazenda
shtëpi fermë

fardo de palha
deng bari

celeiro
hangar

campo
fushë

cavalo
kal

reboque
rimorkio

trator
traktor

potro
kërriç

burro
gomar

ovelha
dele

cordeiro
qengj

cabra

dhi

vaca

lopë

bezerro

viç

porco

derr

leitão

derrkuc

touro

dem

ganso
patë

pato
rosë

pintinho
zog pule

galinha
pulë

galo
gjel

ratazana
mi

gato
mace

camundongo
mi

boi
buall

cachorro
qen

casinha do cachorro
kolibe qeni

mangueira de jardim
zorrë vaditëse

regador
vaditëse

foice
kosë

arado
plug

foice

drapër

enxada

shat

forquilha

kosa

machado

sëpatë

carrinho de mão

karrocë

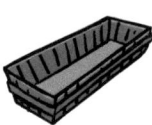

manjedoura

govatë

jarra de leite

bidon qumështi

saco

thes

cerca

gardh

estábulo

ahur

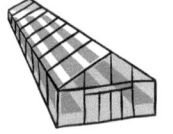

estufa

serë

solo

dhe

semente

farë

fertilizante

pleh

colheitadeira

autokombanjë

colher
korr

colheita
te korrat

inhame
patate e ëmbël "Yam"

trigo
grurë

soja
soja

batata
patate

milho
misër

colza
raps

árvore frutífera
pemë frutore

mandioca
zhardhok manioku

cereais
drithëra

fazenda - fermë

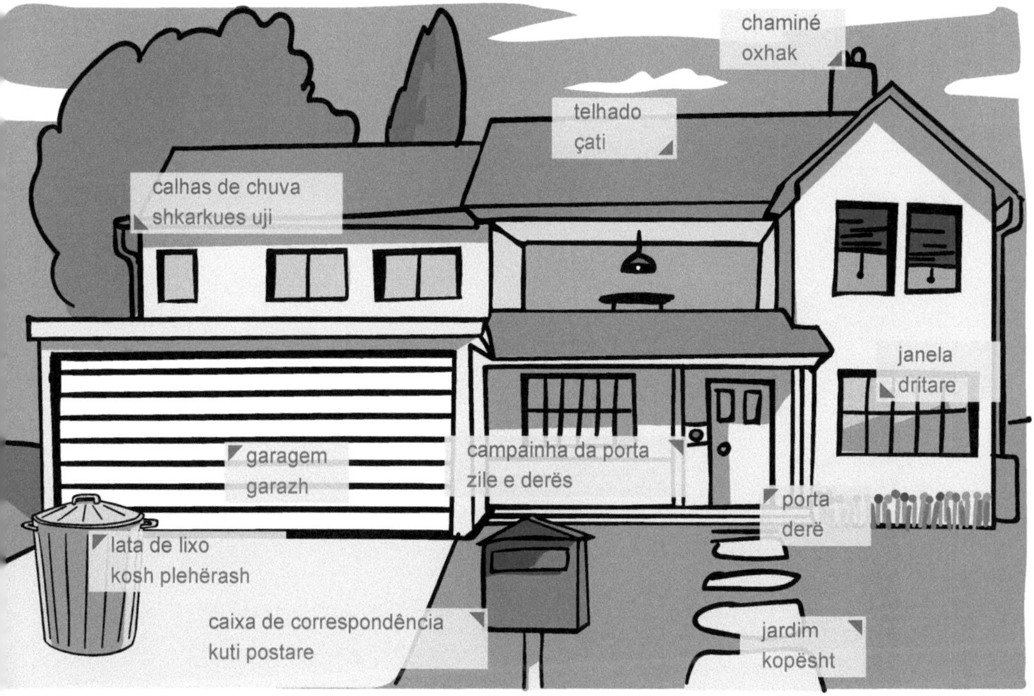

chaminé
oxhak

telhado
çati

calhas de chuva
shkarkues uji

janela
dritare

garagem
garazh

campainha da porta
zile e derës

porta
derë

lata de lixo
kosh plehërash

caixa de correspondência
kuti postare

jardim
kopësht

sala de estar

dhomë ndenjeje

banheiro

tualet

cozinha

kuzhinë

quarto de dormir

dhomë gjumi

quarto de criança

dhomë fëmijësh

sala de jantar

dhomë ngrënieje

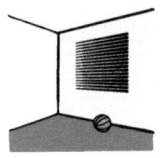

chão

dysheme

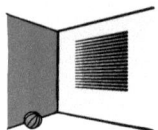

parede
mur

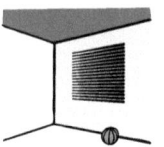

teto
tavan

porão
bodrum

sauna
sauna

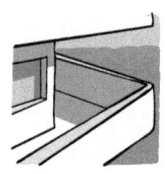

varanda
ballkon

terraço
tarracë

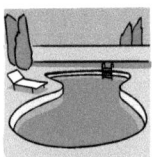

piscina
pishinë

cortador de grama
kositëse bari

lençol
çarçaf

coberta
kuvertë

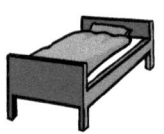

cama
krevat

vassoura
fshesë dore

balde
kovë

interruptor
çelës

sala de estar
dhomë ndenjeje

papel de parede
tapiceri
quadro
fotografi
lâmpada
llambë
prateleira
raft
armário
dollap
televisão
pajisje televizive
lareira
vatër
flor
lule
travesseiro
jastëk
sofá
divan
vaso
vazo
controle remoto
telekomandë

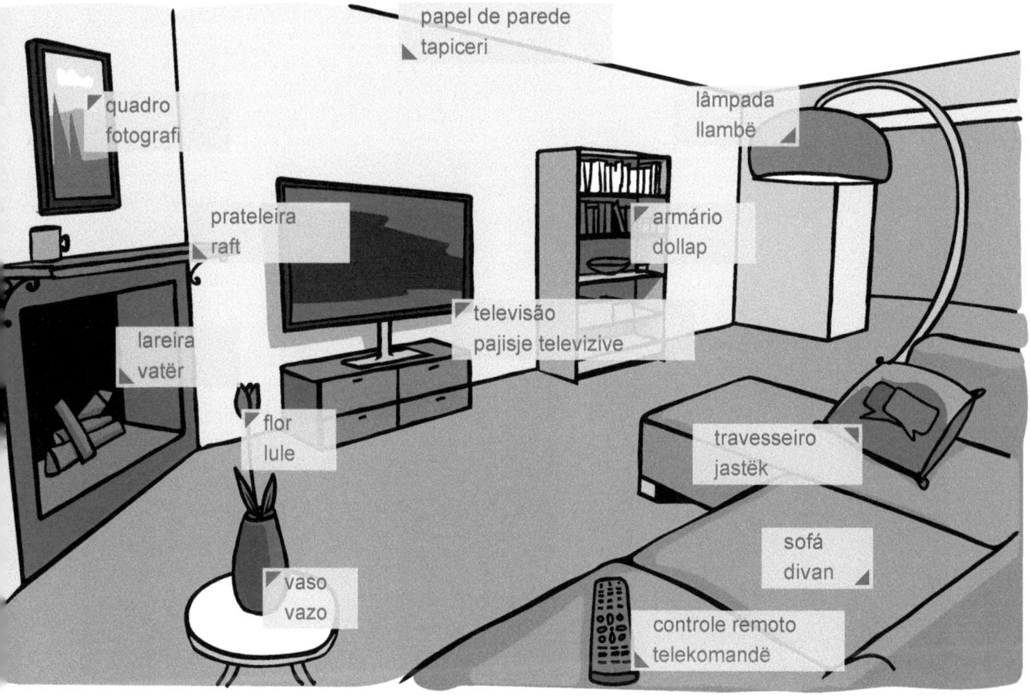

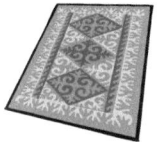

tapete

qilim

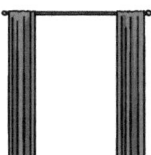

cortina

perde

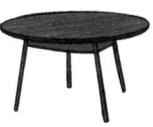

mesa

tavolinë

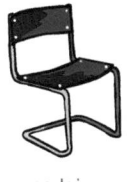

cadeira

karrige

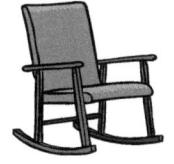

cadeira de balanço

karrige lëkundëse

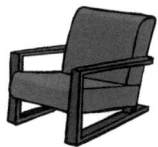

poltrona

kolltuk

livro

libri

cobertor

batanije

decoração

zbukurime

lenha

dru zjarri

filme

film

equipamento de som

stereo

chave

çelës

jornal

gazetë

pintura

pikturë

pôster

afishe

rádio

radio

bloco de notas

bllok shënimesh

aspirador

fshesë me korent

cacto

kaktus

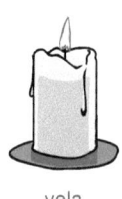

vela

qiri

cozinha
kuzhinë

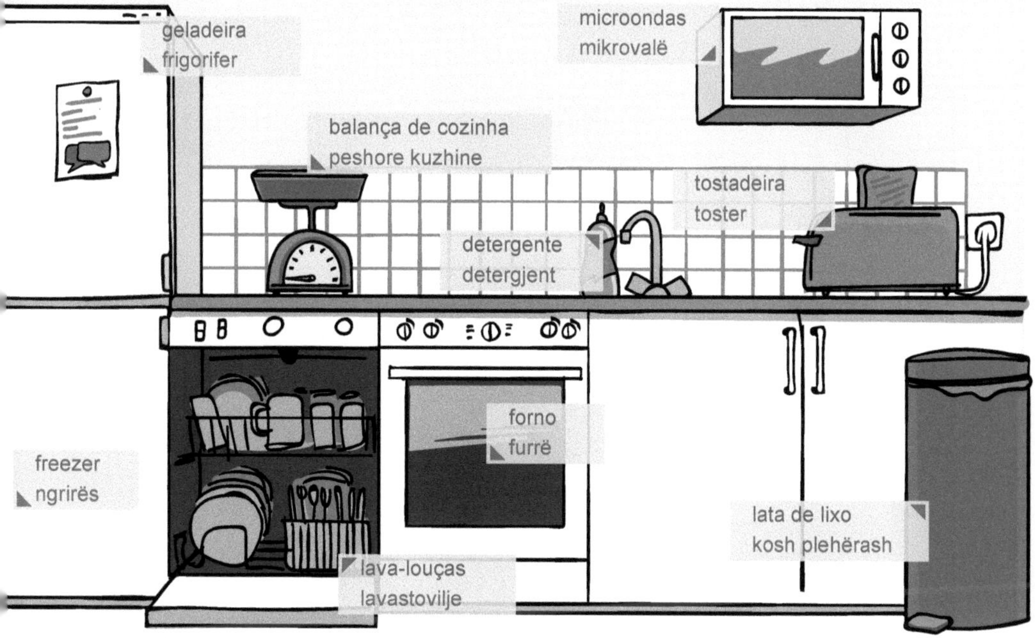

geladeira
frigorifer
microondas
mikrovalë
balança de cozinha
peshore kuzhine
tostadeira
toster
detergente
detergjent
forno
furrë
freezer
ngrirës
lata de lixo
kosh plehërash
lava-louças
lavastovilje

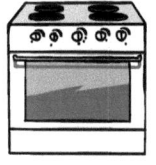

fogão

sobë

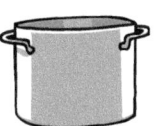

panela

tenxhere

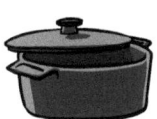

panela de ferro

tenxhere me kapak

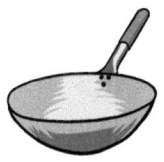

wok / kadai

tigan special (Wok)

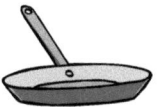

frigideira

tigan

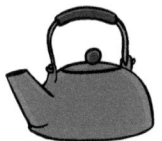

chaleira

çajnik

panela a vapor

tenxhere me avull

tabuleiro de forno

tavë pjekjeje

louça

enë

caneca

filxhan

caçarola

tas

hashi

shkopinj

concha de sopa

garuzhde

espátula

spatul

batedor

tel kuzhine

escorredor

kulluese

peneira

sitë

ralador

rende

almofariz

havan

churrasqueira

skarë

lareira

zjarr

tábua de cortar

dërrasë për prerje

rolo da massa

okllai

saca-rolhas

heqëse tapash

lata

kanaçe

abridor de latas

hapëse kanaçeje

pegador de panela

rrobë për të kapur
tenxheren

pia

lavaman

escova

furçë

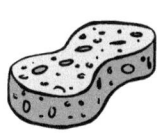

esponja

sfungjer

liquidificador

përzjerës

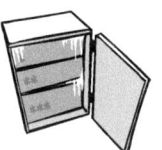

congelador

ngrirës

mamadeira

biberon për lëngje

torneira

rubinet

banheiro

tualet

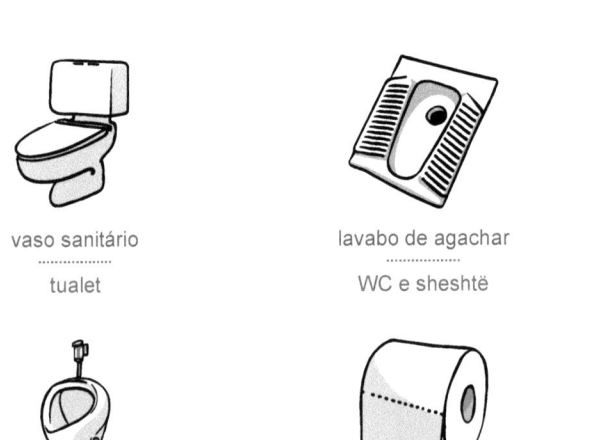

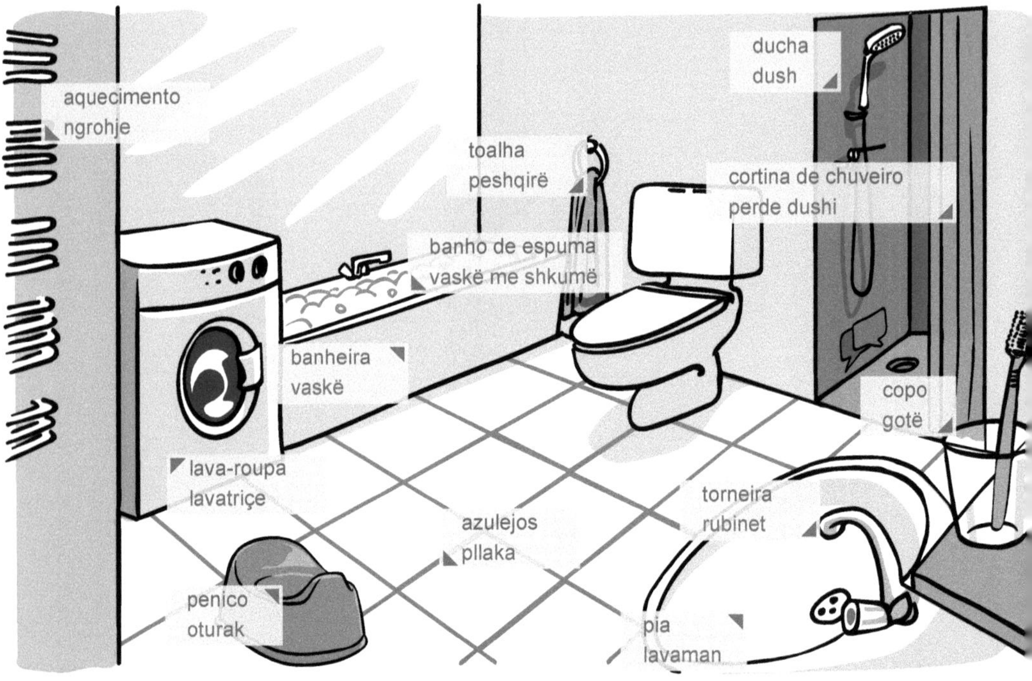
aquecimento
ngrohje
toalha
peshqirë
ducha
dush
cortina de chuveiro
perde dushi
banho de espuma
vaskë me shkumë
banheira
vaskë
lava-roupa
lavatriçe
azulejos
pllaka
torneira
rubinet
copo
gotë
penico
oturak
pia
lavaman

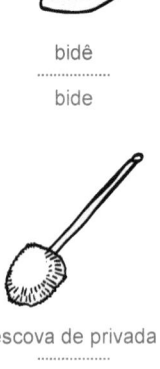

vaso sanitário

tualet

lavabo de agachar

WC e sheshtë

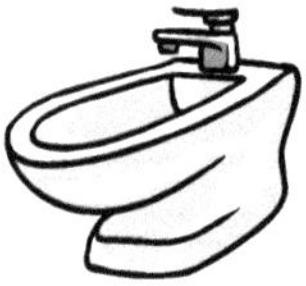

bidê

bide

mictório

tualet publik

papel higiênico

letër higjienike

escova de privada

furçe për WC

escova de dentes

furçë dhëmbësh

pasta de dentes

pastë dhëmbësh

fio dental

fije dentare

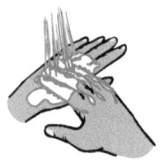

lavar

laj

ducha de mão

dorezë dushi

ducha íntima

larës për zonën intime

bacia

legen

escova para as costas

furçë për masazh shpine

sabonete

sapun

gel de banho

shampo trupi

xampu

shampo

toalha de rosto

leckë pastruese

escoamento

kullues

creme

krem

desodorante

antidjersë

espelho

pasqyrë

espelho de mão

pasqyrë dore

barbeador

brisk rroje

espuma de barbear

shkumë rroje

loção pós-barba

locion pas rrojes

pente

krehër

escova

furçë

secador de cabelo

tharëse flokësh

spray de cabelo

llak për flokët

maquiagem

grim

batom

buzëkuq

esmalte de unhas

manikyr

algodão

mbushje pambuku

tesoura para unhas

gërshërë për thonj

perfume

parfum

nécessaire

çantë për sendet personale

banquinho

Stol

balança

peshore

roupão de banho

robëdëshambër

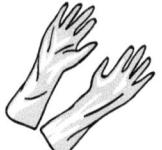

luvas de borracha

dorashka gome

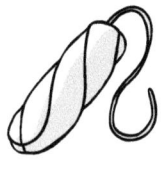

absorvente interno

tampon

absorvente íntimo

peceta higjienike

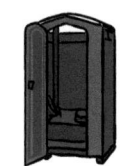

banheiro químico

tualet I lëvizshëm

quarto de criança
dhomë fëmijësh

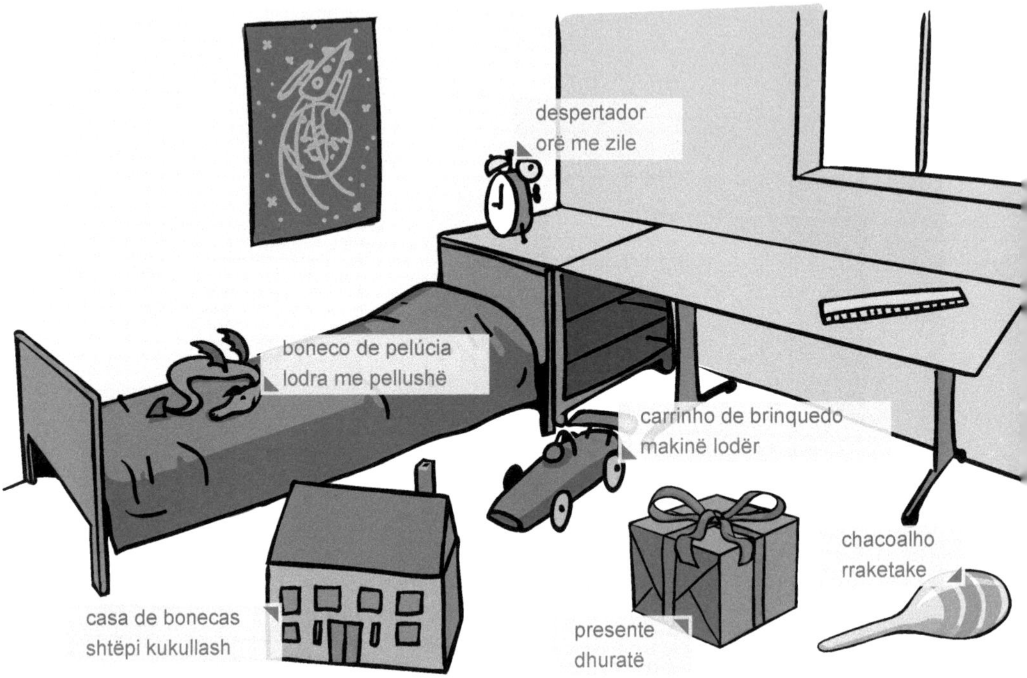
despertador
orë me zile
boneco de pelúcia
lodra me pellushë
carrinho de brinquedo
makinë lodër
chacoalho
rraketake
casa de bonecas
shtëpi kukullash
presente
dhuratë

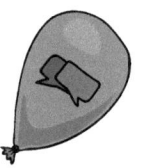

balão
tollumbace

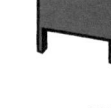

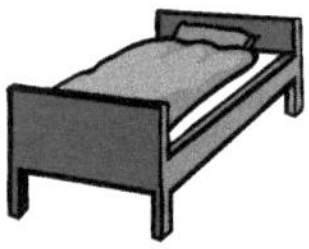

cama
krevat

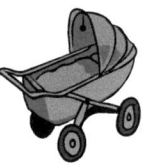

carrinho de bebê
karrocë fëmijësh

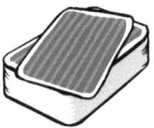

jogo de cartas
lojë me letra

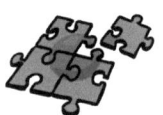

quebra-cabeças
bashkim pjesësh me figura

SUPER MEGA

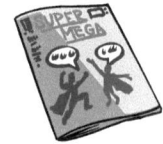

revista de quadrinhos
komik

peças de Lego

formuese lodër

blocos de construção

kuba plastikë

figura de ação

lodra

macaquinho de bebê

badi

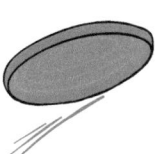

frisbee

frizbi

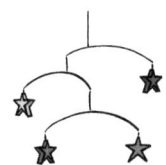

móbile para bebé

lodra të varura tek krevati i fëmijëve

jogo de tabuleiro

tavolinë lojërash

dados

zare

trenzinho elétrico

model treni

chupeta

biberon

festa

festë

livro ilustrado

libër me ilustrime

bola

top

boneca

kukull

brincar

luaj

caixa de areia

grumbull rëre

balanço

kolovarëse

brinquedos

lodra

videogame

leva për lojra video

triciclo

triçikël

ursinho de pelúcia

arush prej pellushi

guarda-roupa

garderobë

vestuário

veshje

meias

çorape

meias pelo joelho

çorape të gjata

meias-calças

geta

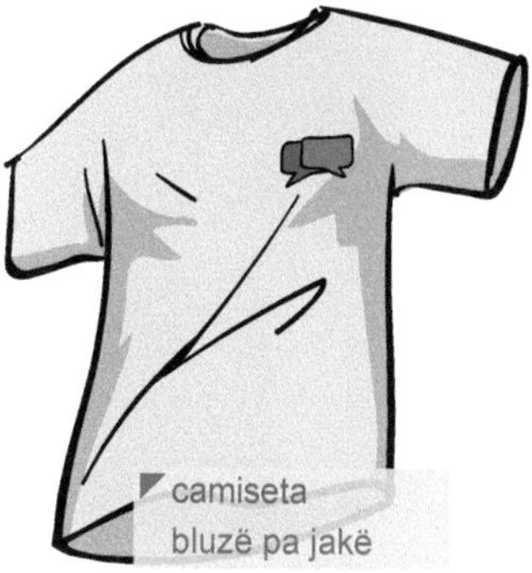

cachecol
shall

cinto
rrip

guarda-chuva
çadër

camiseta
bluzë pa jakë

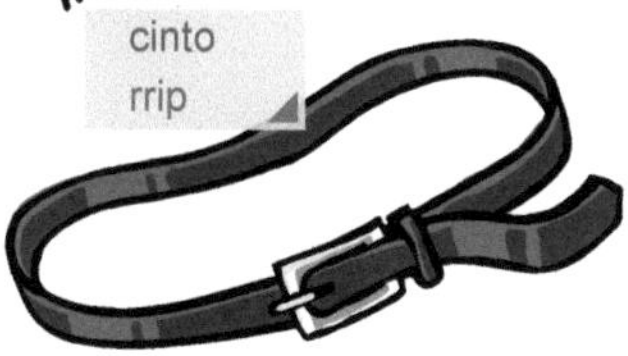

botas
çizme

tênis
atlete

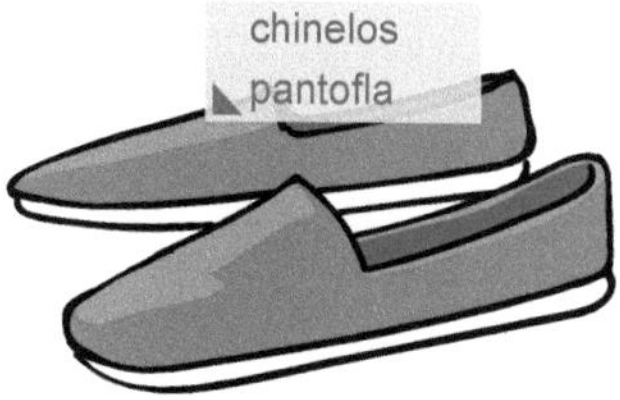

chinelos
pantofla

sandálias
sandale

sapatos
këpucë

botas de borracha
çizme llastiku

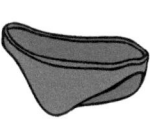
roupa de baixo
të mbathura

sutiã
reçipeta

camiseta de baixo
kanotierë

body
trup

calças
pantallona

jeans
xhinse

saia
fund

blusa
bluzë

camisa
këmishë

pulôver
pulovër

suéter com capuz
triko

blazer
xhaketë

jaqueta
xhaketë

casaco
pallto

gabardine
mushama shiu

traje
kostum

vestido
fustan

vestido de casamento
fustan nusërie

vestuário - veshje

terno

kostum

camisola

këmishë nate

pijama

pizhama

sari

sari (veshje tradicionale indiane)

lenço de cabeça

shami koke

turbante

çallmë

burca

veshje për femrat e besimit musliman

cafetã

kaftan (lloj veshjeje tradicionale)

abaya

ferexhe

maiô

kostum banje

sunga

rroba banje

shorts

pantallona të shkurtra

roupa de treino

tuta sporti

avental

përparëse

luvas

dorashka

botão

kopsë

óculos

syze

pulseira

byzylyk

colar

gjerdan

anel

unazë

brinco

vath

boné

kapuç

cabide

varëse për pallto

chapéu

kapele

gravata

kravatë

zíper

zinxhir

capacete

helmetë

suspensórios

tiranda

uniforme escolar

uniformë shkolle

uniforme

uniformë

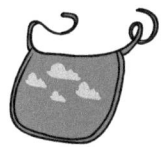

babador
gushore

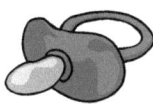

chupeta
biberon

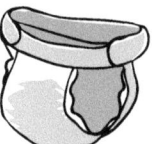

fralda
pelenë

escritório
zyrë

servidor
server
armário de arquivos
skedar
impressora
printer
papel
letër
monitor
ekran
mouse
maus
escrivaninha
tavolinë
pasta
dosje
teclado
tastierë
cesto de lixo
kosh letrash
computador
kompjuter
cadeira
karrige

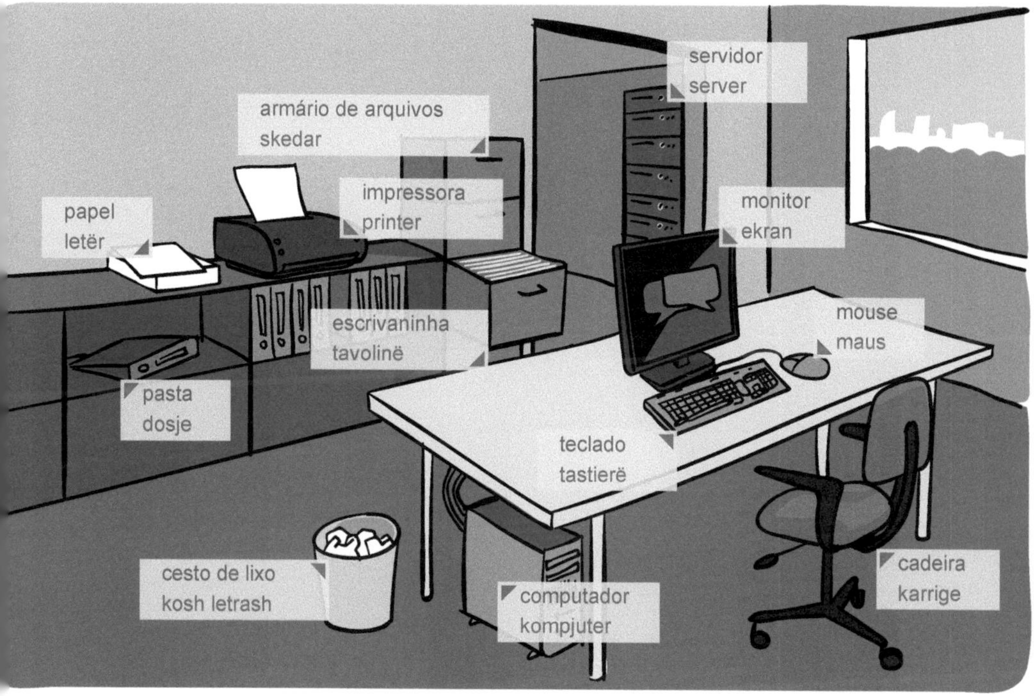

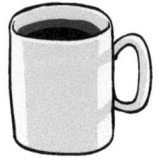

xícara de café
filxhan kafeje

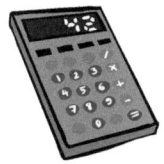

calculadora
makinë llogaritëse

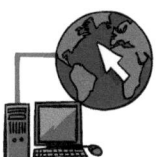

internet
internet

laptop

kompjuter portativ

carta

letër

mensagem

mesazh

celular

telefon

rede

rrjet

copiadora

fotokopje

software

program

telefone

telefon

tomada

prizë

fax

pajisje faksi

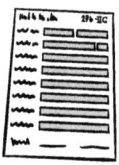

formulário

formular

documento

dokument

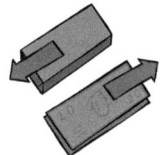

comprar
blej

pagar
paguaj

negociar
tregtoj

dinheiro
para

Dólar
dollar

Euro
euro

Yen
jen

rublo
rubla

franco suíço
franga zvicerane

renminbi yuan
juani kinez

rupia
rupje

caixa eletrônico
bankomat

casa de câmbio

pikë këmbimi valutor

ouro

ar

prata

argjend

petróleo

nafta

energia

energji

preço

çmim

contrato

kontratë

imposto

taksë

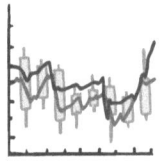

ação

aksione

trabalhar

punoj

empregado

punonjës

empregador

punëdhënës

fábrica

fabrikë

loja

dyqan

profissões
profesionet

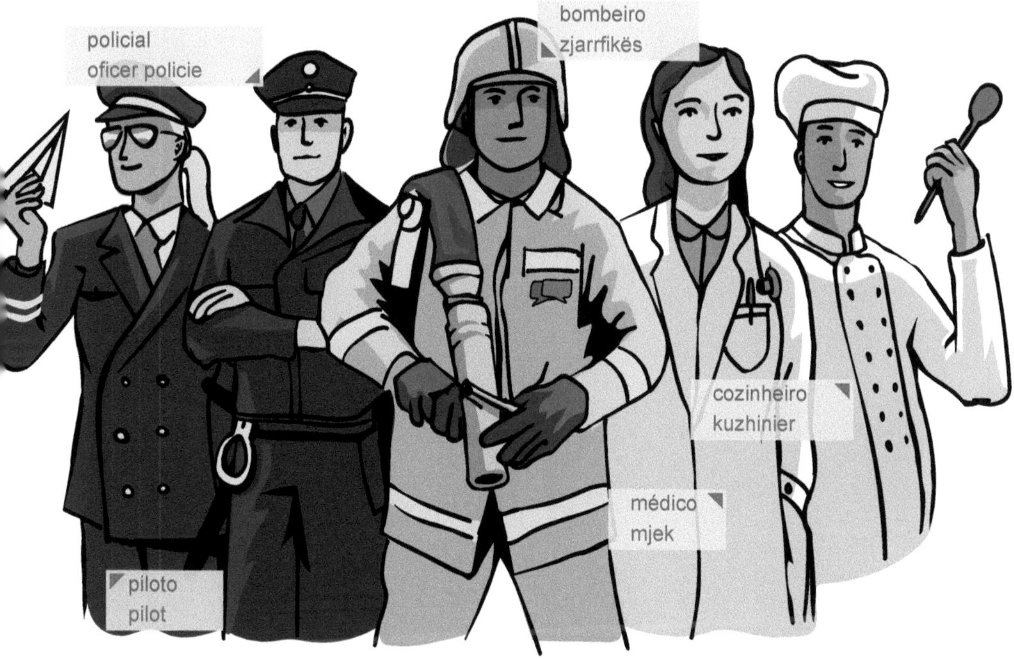
policial
oficer policie
bombeiro
zjarrfikës
cozinheiro
kuzhinier
médico
mjek
piloto
pilot

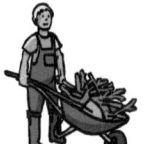

jardineiro

kopshtar

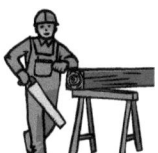

marceneiro

marangoz

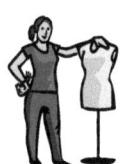

costureira

rrobaqepëse

juiz

gjykatës

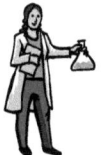

químico

kimist

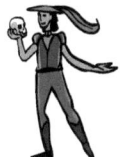

ator

aktor

motorista de ônibus

shofer autobuzi

motorista de táxi

taksist

pescador

peshkatar

faxineira

pastruese

telhador

riparues çatish

garçom

kamarier

caçador

gjuetar

pintor

piktor

padeiro

furrxhi

eletricista

elektriçist

construtor

ndërtues

engenheiro

inxhinier

açougueiro

kasap

encanador

hidraulik

carteiro

postieri

soldado

ushtar

arquiteto

arkitekt

caixa

arkëtar

florista

luleshitës

cabelereiro

berber

condutor

kontrollor

mecânico

mekanik

capitão

kapiten

dentista

dentist

cientista

shkencëtar

rabino

rabin

imam

imam

monge

murg

pastor

klerik

ferramentas
mjete

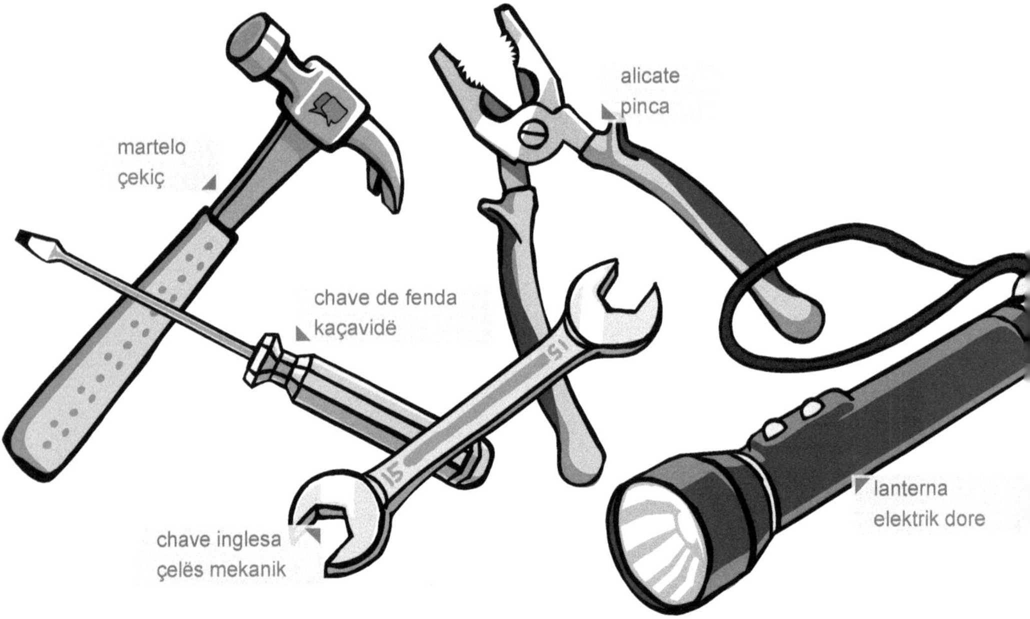
alicate
pinca
martelo
çekiç
chave de fenda
kaçavidë
lanterna
elektrik dore
chave inglesa
çelës mekanik

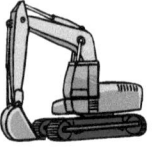

escavadora
ekskavator

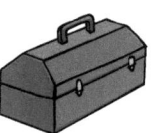

caixa de ferramentas
kuti veglash

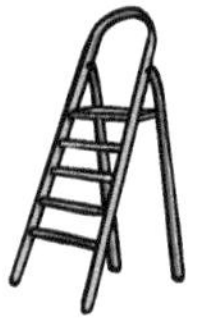

escada de mão
shkallë

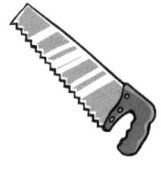

serra
sharrë

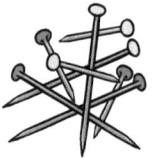

pregos
gozhdë

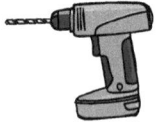

furadeira
trapan

consertar

riparoj

pá

lopatë

Droga!

Dreq!

pá de lixo

kaci

pote de tinta

kuti boje

parafusos

vidhë

instrumentos musicais
instrumenta muzikorë

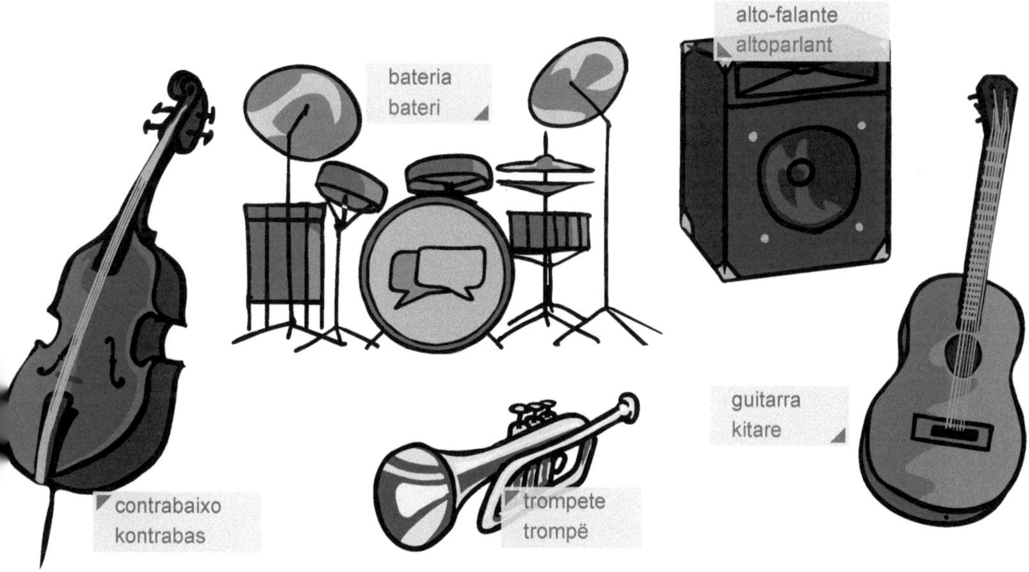

bateria
bateri

alto-falante
altoparlant

contrabaixo
kontrabas

trompete
trompë

guitarra
kitare

piano

piano

violino

violinë

baixo

bas

timbales

tamburë

tambor

daulle

teclado

tastierë pianoje

saxofone

saksofon

flauta

flaut

microfone

mikrofon

instrumentos musicais - instrumenta muzikorë

zoológico
kopsht zoologjik

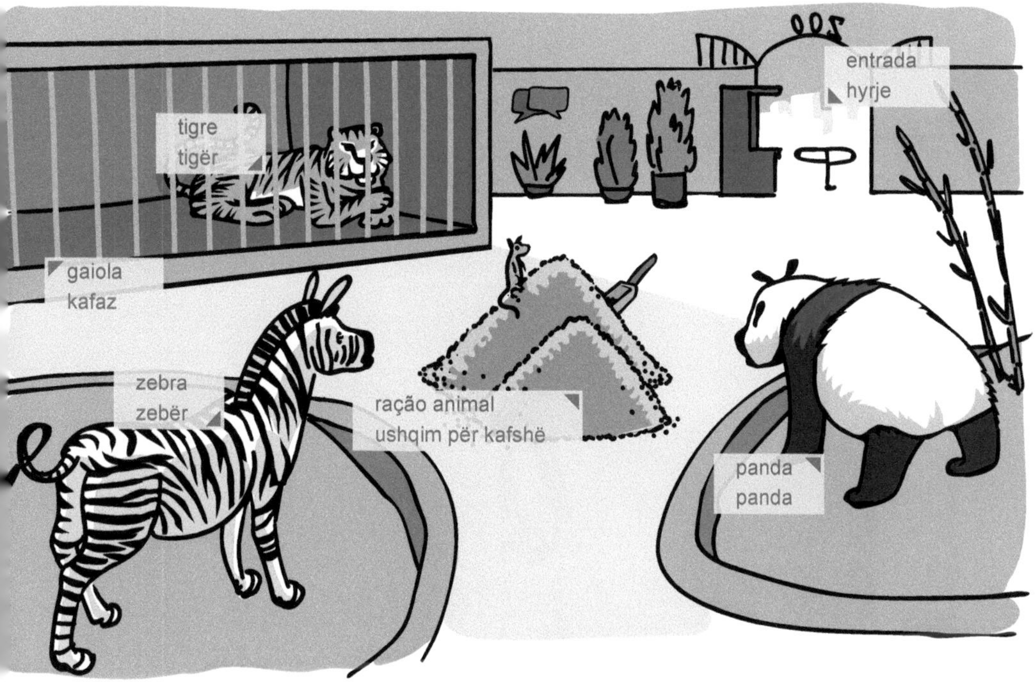

entrada
hyrje
tigre
tigër
gaiola
kafaz
zebra
zebër
ração animal
ushqim për kafshë
panda
panda

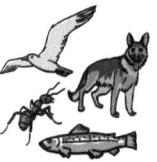

animais
kafshë

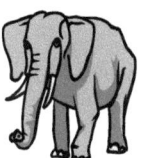

elefante
elefant

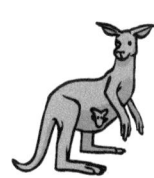

canguru
kangur

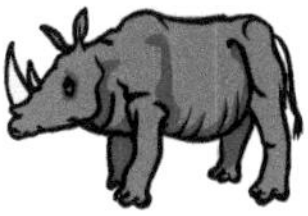

rinoceronte
rinoceront

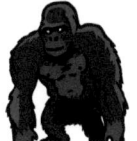

gorila
gorillë

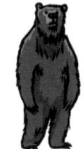

urso
ari

camelo

deve

avestruz

struc

leão

luan

macaco

majmun

flamingo

flamingo

papagaio

papagall

urso polar

ari polar

pinguim

pinguin

tubarão

peshkaqen

pavão

pallua

cobra

gjarpër

crocodilo

krokodil

guarda do zoológico

punonjës i kopshtit zoologjik

foca

fokë

jaguar

xhaguar

zoológico - kopsht zoologjik

pônei

poni

leopardo

leopard

hipopótamo

hipopotam

girafa

gjirafë

águia

shqiponjë

javali

derr i egër

peixe

peshk

tartaruga

breshkë

morsa

lopë deti

raposa

dhelpër

gazela

gazelë

futebol americano
futboll amerikan

ciclismo
çiklizëm

tênis
tenis

basquete
basketboll

natação
not

boxe
boks

hóquei no gelo
hokej mbi akull

futebol
futboll

badminton
badminton

atletismo
atletikë

handebol
hendboll

esqui
ski

polo
polo

atividades
aktivitet

rir
qesh
pular
hidhem
abraçar
përqafoj
andar
eci
cantar
këndoj
sonhar
ëndërroj
rezar
lutem
beijar
puth

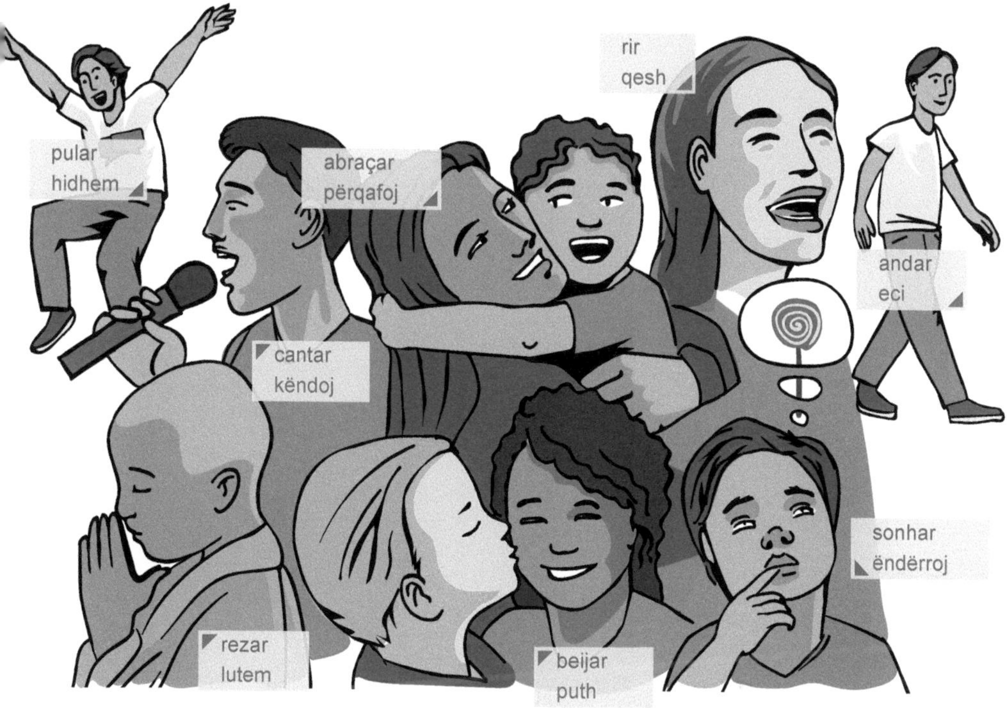

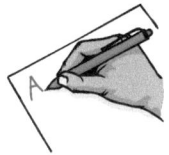

escrever

shkruaj

desenhar

vizatoj

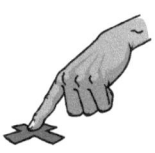

mostrar

tregoj

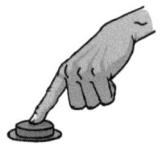

empurrar

shtyj

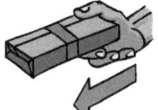

dar

jap

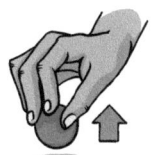

tomar

marr

ter
kam

fazer
bëj

ser
jam

ficar de pé
qëndroj

correr
vrapoj

puxar
tërheq

jogar
hedh

cair
bie

deitar
shtrihem

esperar
pres

carregar
mbaj

sentar
ulem

vestir
vishem

dormir
fle

despertar
zgjohem

olhar para

shikoj

chorar

qaj

acariciar

përkëdhel

pentear

kreh

falar

bisedoj

entender

kuptoj

perguntar

kërkoj

ouvir

dëgjoj

beber

pi

comer

ha

arrumar

sistemoj

amar

dashuroj

cozinhar

gatuaj

dirigir

drejtoj makinën

voar

fluturoj

velejar

lundroj

calcular

llogaris

ler

lexoj

aprender

mësoj

trabalhar

punoj

casar

martohem

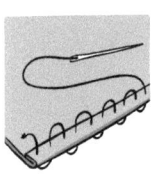

costurar

qep

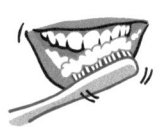

escovar os dentes

laj dhëmbët

matar

vras

fumar

tymos

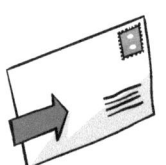

enviar

dërgoj

atividades - aktivitet

família
familje

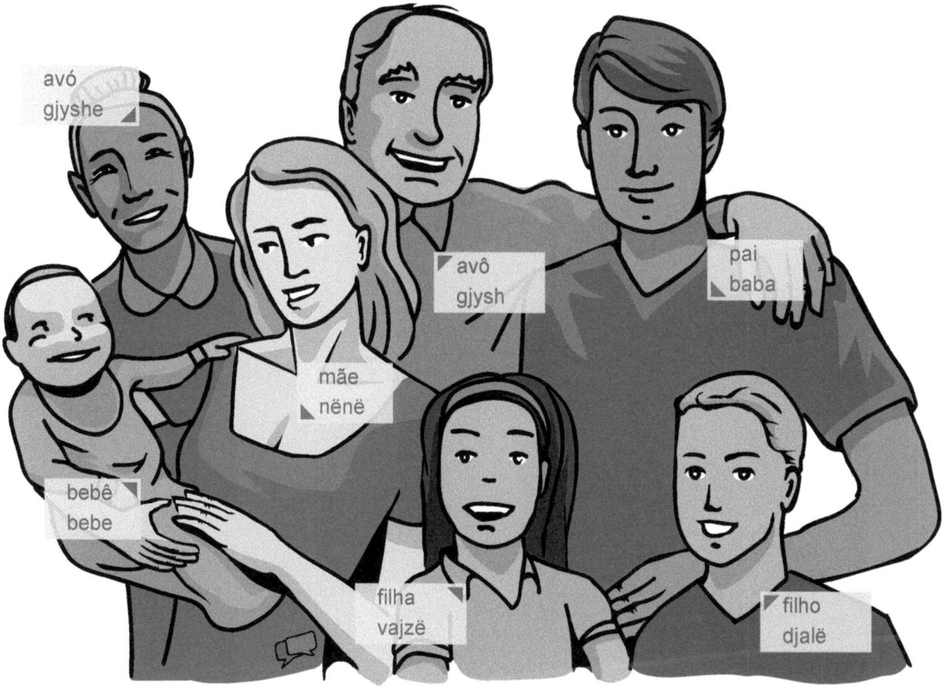
avó
gjyshe
avô
gjysh
pai
baba
mãe
nënë
bebê
bebe
filha
vajzë
filho
djalë

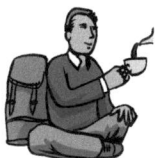

convidado

mysafir

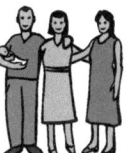

tia

teze, hallë

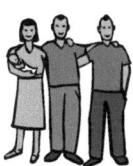

tio

dajë, xhaxha

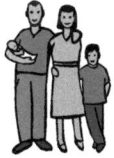

irmão

vëlla

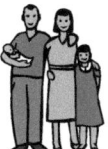

irmã

motër

testa
balli

olho
syri

ombro
shpatulla

dedo
gishti

rosto
fytyra

queixo
mjekra

mão
dora

peito
krahërori

perna
këmba

braço
krahu

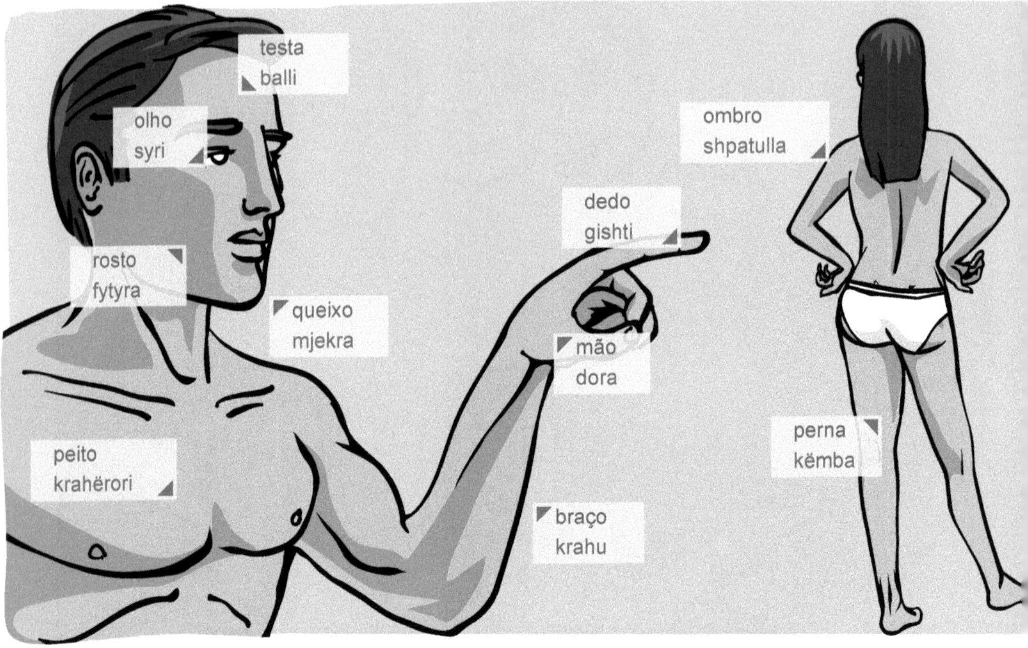

bebê
....
bebe

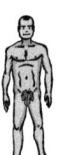

homem
....
burrë

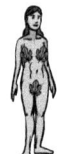

mulher
....
grua

menina
....
vajzë

menino
....
djalë

cabeça
....
koka

corpo - trupi

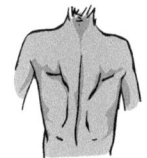

costas

shpina

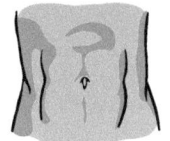

barriga

barku

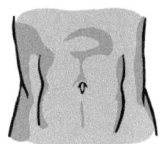

umbigo

kërthiza

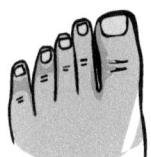

dedo do pé

gisht këmbe

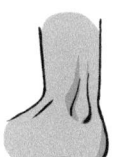

calcanhar

Thembra

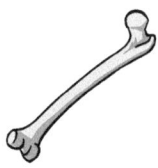

osso

kockë

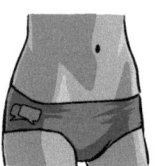

anca

legeni

joelho

gjuri

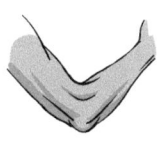

cotovelo

bërryli

nariz

hunda

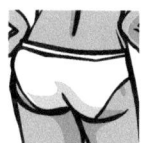

nádegas

vithe

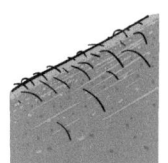

pele

lëkura

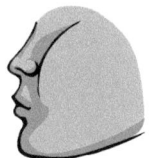

bochecha

faqja

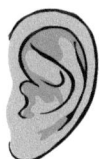

orelha

veshi

lábio

buza

boca

goja

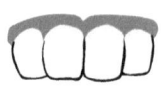

dente

dhëmbët

língua

gjuha

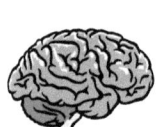

cérebro

truri

coração

zemra

músculo

muskul

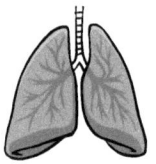

pulmão

mushkëria

fígado

mëlçia

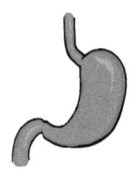

estômago

stomaku

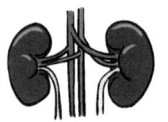

rins

veshka

relações sexuais

seks

preservativo

prezervativ

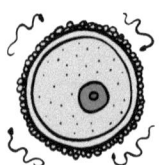

óvulo

veza

esperma

sperma

gravidez

shtatëzani

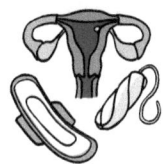

menstruação
menstruacione

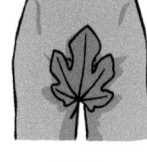

vagina
vagina

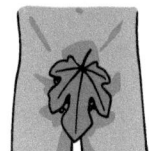

pênis
penis

sobrancelha
vetulla

cabelo
flokët

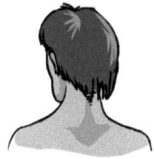

pescoço
qafa

hospital
spital

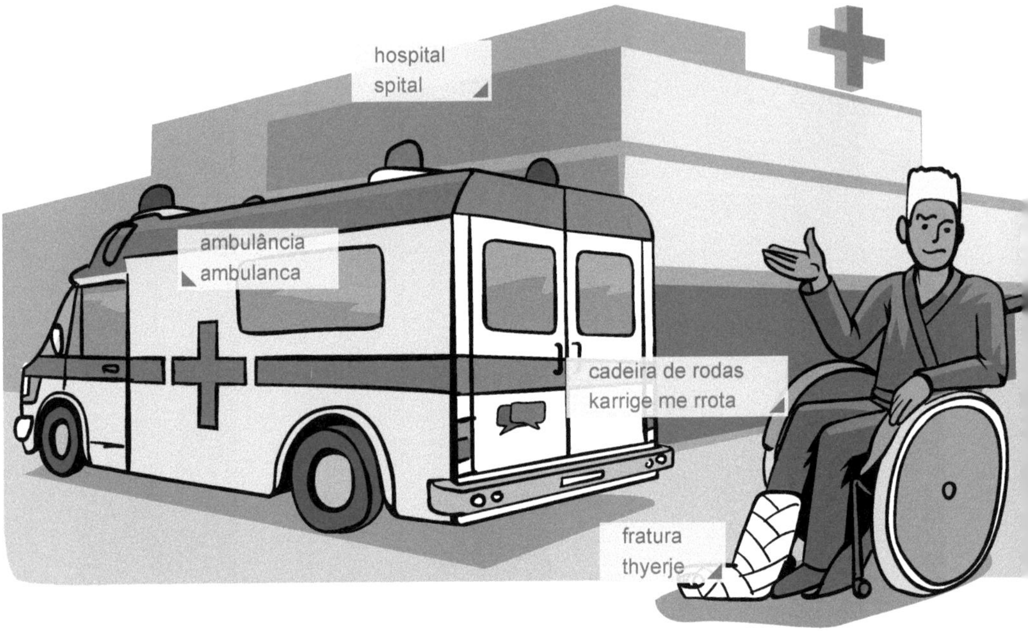

hospital
spital
ambulância
ambulanca
cadeira de rodas
karrige me rrota
fratura
thyerje

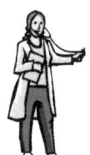

médico
mjek

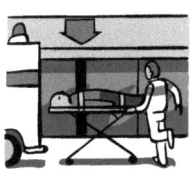

pronto-socorro
sallë urgjencash

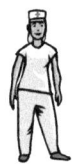

enfermeira
infermiere

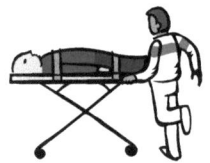

emergência
emergjencë

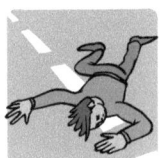

inconsciente
i pandërgjegjshëm

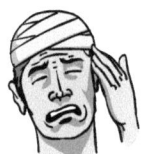

dor
dhimbje

ferimento

dëmtim

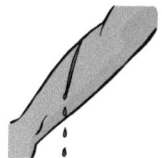

hemorragia

gjakosje

ataque cardíaco

infarkt

acidente vacular cerebral

goditje

alergia

alergji

tosse

kolla

febre

ethe

gripe

grip

diarreia

diarre

dor de cabeça

dhimbje koke

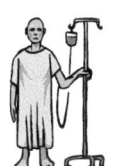

câncer

kancer

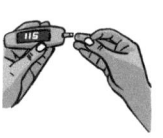

diabetes

diabet

cirurgião

kirurg

bisturi

bisturi

operação

operacion

CT

CT (skaner)

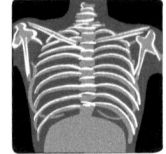

raio x

radiografi

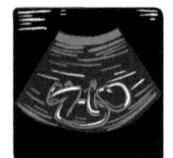

ultrassom

ultratingull

máscara

maskë fytyre

doença

sëmundje

sala de espera

dhomë pritjeje

muleta

paterica

bandeide

leukoplast

ligadura

fasho

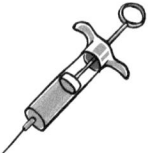

injeção

injeksion

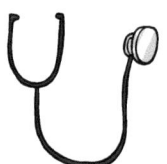

estetoscópio

stetoskop

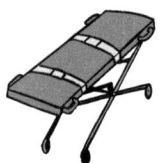

maca

barelë

termômetro

termometër

nascimento

lindje

excesso de peso

mbipeshë

aparelho auditivo

aparat dëgjimi

desinfetante

dezinfektant

infecção

infeksion

vírus

virus

HIV / AIDS

HIV / AIDS

medicamento

mjekësi, mjekim

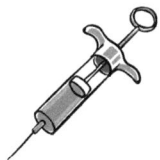

vacinação

vaksinim

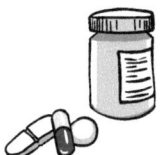

comprimidos

tableta

pílula

pilulë

chamada de emergência

telefonatë emergjence

dispositivo de medição de
pressão arterial

aparat tensioni

doente / saudável

i sëmurë / i shëndetshëm

Socorro!

Ndihmë!

alarme

alarm

assalto

sulm

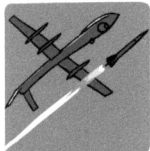

ataque

atak

perigo

rrezik

saída de emergência

dalje emergjence

Fogo!

Zjarr!

extintor de incêndios

fikëse zjarri

acidente

aksident

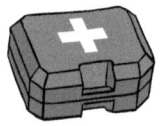

maleta de primeiros socorros

kuti e ndimës së shpejtë

SOS

SOS

polícia

policia

Europa
Europa

América do Norte
Amerika e Veriut

América do Sul
Amerika e Jugut

África
Afrika

Ásia
Azia

Austrália
Australia

Atlântico
Atlantiku

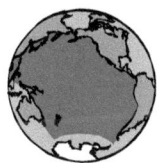

Pacífico
Paqësori

Oceano Índico
Oqeani Indian

Oceano Antártico
Oqeani Antarktik

Oceano Ártico
Oqeani Arktik

Polo Norte
Poli i veriut

Polo Sul

Poli i Jugut

Antártica

Antarktida

Terra

toka

terra

tokë

mar

det

ilha

ishull

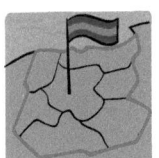

nação

komb

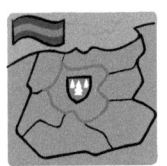

estado

shtet

mostrador do relógio

fusha e orës

ponteiro das horas

akrepi i orës

ponteiro dos minutos

akrepi i minutave

ponteiro dos segundos

akrepi i sekondave

Que horas são?

Sa është ora?

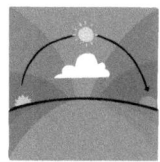

dia

ditë

tempo

kohë

agora

tani

relógio digital

orë dixhitale

minuto

minutë

hora

orë

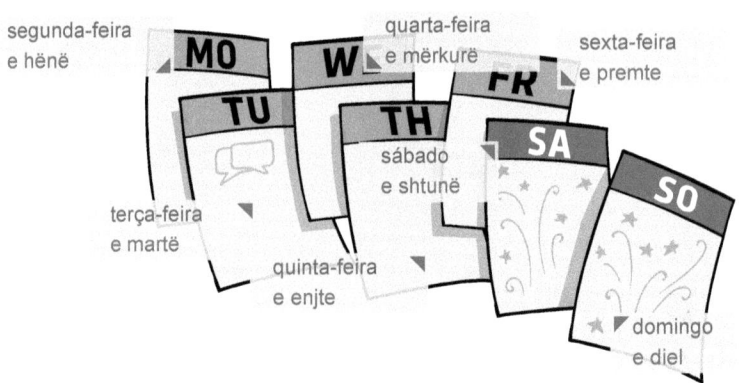

segunda-feira
e hënë

quarta-feira
e mërkurë

sexta-feira
e premte

terça-feira
e martë

sábado
e shtunë

quinta-feira
e enjte

domingo
e diel

ontem
dje

hoje
sot

amanhã
nesër

manhã
mëngjes

meio-dia
mesditë

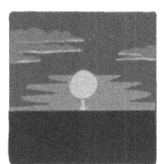

entardecer
mbrëmje

MO	TU	WE	TH	FR	SA	SU
1	2	3	4	5	6	7
8	9	10	11	12	13	14
15	16	17	18	19	20	21
22	23	24	25	26	27	28
29	30	31	1	2	3	4

dias úteis
ditë pune

MO	TU	WE	TH	FR	SA	SU
1	2	3	4	5	6	7
8	9	10	11	12	13	14
15	16	17	18	19	20	21
22	23	24	25	26	27	28
29	30	31	1	2	3	4

fim de semana
fundjavë

ano
vit

chuva
shi
arco-íris
ylber
vento
erë
neve
borë
primavera
pranverë
verão
verë
outono
vjeshtë
inverno
dimër

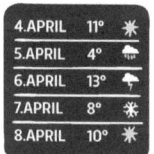

4.APRIL 11°
5.APRIL 4°
6.APRIL 13°
7.APRIL 8°
8.APRIL 10°

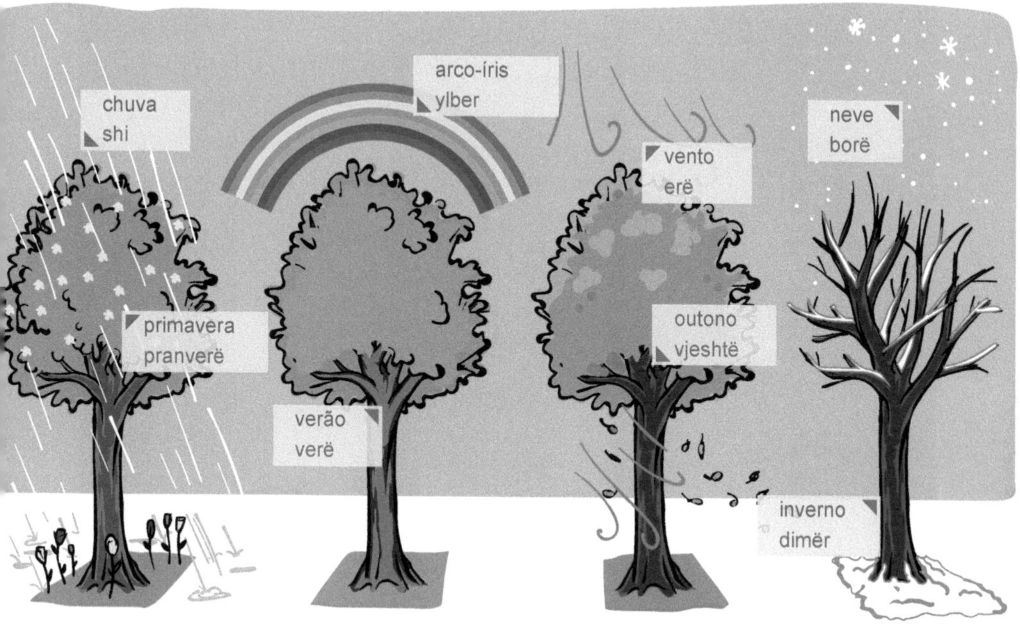

previsão do tempo

parashikimi i motit

F C
120 90 60 30 0 -30
40 30 20 10 0 -10 -20

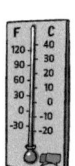

termômetro

termometër

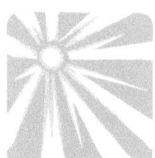

raio de sol

ndriçim dielli

nuvem

re

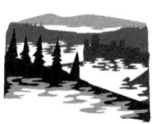

neblina / nevoeiro

mjegull

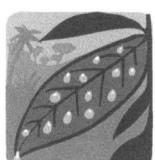

umidade do ar

lagështi

relâmpago
vetëtima

trovão
gjëmim

tempestade
stuhi

granizo
breshër

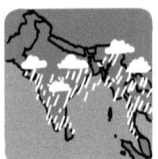

monção
muson

inundação
përmbytje

gelo
akull

janeiro
janar

fevereiro
shkurt

março
mars

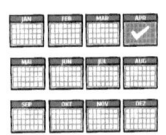

abril
prill

maio
maj

junho
qershor

julho
korrik

agosto
gusht

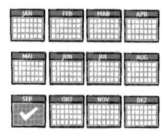

setembro
....
shtator

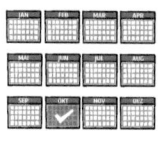

outubro
....
tetor

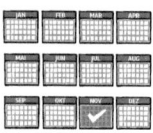

novembro
....
nëntor

dezembro
....
dhjetor

círculo
....
rreth

quadrado
....
katror

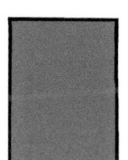

retângulo
....
drejtkëndësh

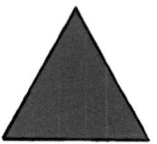

triângulo
....
trekëndësh

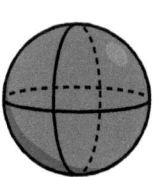

esfera
....
sferë

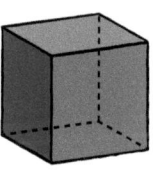

cubo
....
kub

branco

e bardhë

amarelo

e verdhë

laranja

portokalli

rosa

rozë

vermelho

e kuqe

lilás

vjollcë

azul

blu

verde

e gjelbër

marrom

kafe

cinza

gri

preto

e zezë

muito / pouco

shumë / pak

furioso / tranquilo

i nevrikosur / i qetë

lindo / feio

i bukur / i shëmtuar

começo / fim

fillim / fund

grande / pequeno

i madh / i vogël

claro / escuro

i ndritshëm / i errët

irmão / irmã

vëlla / motër

limpo / sujo

e pastër / e pistë

completo / incompleto

e plotë / jo e plotë

dia / noite

ditë / natë

morto / vivo

gjallë / vdekur

largo / estreito

i gjerë / i ngushtë

comestível / não comestível

i ngrënshëm / i pangrënshëm

mau / gentil

i keq / i këndshëm

entusiasmado / entediado

i lumtur / i mërzitur

gordo / magro

i shëndoshë / i dobët

primeiro / último

e para / e fundit

amigo / inimigo

mik / armik

cheio / vazio

plot / bosh

duro / macio

e fortë / e butë

pesado / leve

e rëndë / e lehtë

fome / sede

uri / etje

doente / saudável

i sëmurë / i shëndetshëm

ilegal / legal

e paligjshme / e ligjshme

inteligente / idiota

i zgjuar / budalla

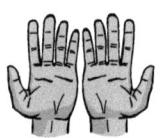

esquerda / direita

majtas / djathtas

perto / longe

afër / larg

novo / usado

e re / e përdorur

nada / alguma coisa

asgjë / diçka

velho / jovem

i moshuar / i ri

ligado / desligado

ndezur / fikur

aberto / fechado

hapur / mbyllur

baixo / alto

i qetë / i zhurmshëm

rico / pobre

i pasur / i varfër

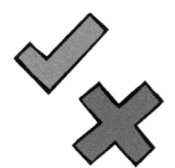

certo / errado

e drejtë / e gabuar

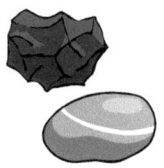

áspero / liso

i ashpër / i butë

triste / feliz

i mërzitur / i lumtur

curto / longo

i shkurtër / i gjatë

lento / rápido

ngadalë / shpejt

molhado / seco

i lagësht / i thatë

ameno / fresco

ngrohtë / freskët

guerra / paz

luftë / paqe

0

zero

zero

1

um

një

2

dois

dy

3

três

tre

4

quatro

katër

5

cinco

pesë

6

seis

gjashtë

7

sete

shtatë

8

oito

tetë

9

nove

nentë

10

dez

dhjetë

11

onze

njëmbëdhjetë

12

doze

dymbëdhjetë

13

treze

trembëdhjetë

14

quatorze

katërmbëdhjetë

15

quinze

pesëmbëdhjetë

16

dezesseis

gjashtëmbëdhjetë

17

dezessete

shtatëmbëdhjetë

18

dezoito

tetëmbëdhjetë

19

dezenove

nentëmbëdhjetë

20

vinte

njëzetë

100

cem

qind

1.000

mil

mijë

1.000.000

milhão

milion

inglês
anglisht

inglês americano
anglishte amerikane

chinês mandarim
kinezisht mandarin

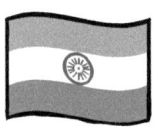

hindi
hindi

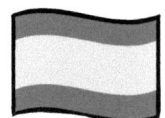

espanhol
spanjisht

francês
frëngjisht

árabe
arabisht

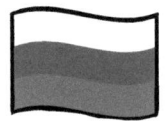

russo
rusisht

português
portugalisht

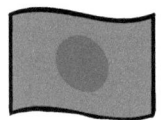

bengalês
bengalisht

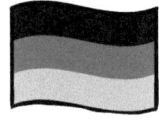

alemão
gjermanisht

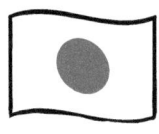

japonês
japonisht

eu
unë

você
ti

ele / ela
ai / ajo

nós
ne

vocês
ju

eles / elas
ata

quem?
kush?

O quê?
çfarë?

como?
si?

onde?
ku?

Quando?
kur?

nome
emër

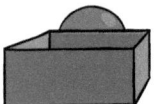

atrás
....
pas

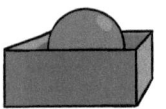

em
....
në

na frente de
....
përballë

sobre
....
sipër

em cima
....
mbi

debaixo
....
poshtë

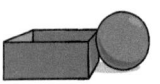

do lado
....
pranë

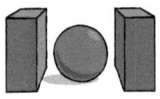

entre
....
midis

lugar
....
vend